BEI GRIN MACHT SICH WISSEN BEZAHLT

- Wir veröffentlichen Ihre Hausarbeit,
  Bachelor- und Masterarbeit

- Ihr eigenes eBook und Buch -
  weltweit in allen wichtigen Shops

- Verdienen Sie an jedem Verkauf

Jetzt bei www.GRIN.com hochladen
und kostenlos publizieren

Bibliografische Information der Deutschen Nationalbibliothek:

Die Deutsche Bibliothek verzeichnet diese Publikation in der Deutschen National-
bibliografie; detaillierte bibliografische Daten sind im Internet über http://dnb.d-
nb.de/ abrufbar.

Impressum:

Copyright © 2009 GRIN Verlag, Open Publishing GmbH
Druck und Bindung: Books on Demand GmbH, Norderstedt Germany
ISBN: 9783640518647

Dieses Buch bei GRIN:

http://www.grin.com/de/e-book/141716/informationsextraktion-von-webseiten-via-
roadrunner

Pawel Broda

Informationsextraktion von Webseiten via RoadRunner

GRIN Verlag

GRIN - Your knowledge has value

Der GRIN Verlag publiziert seit 1998 wissenschaftliche Arbeiten von Studenten, Hochschullehrern und anderen Akademikern als eBook und gedrucktes Buch. Die Verlagswebsite www.grin.com ist die ideale Plattform zur Veröffentlichung von Hausarbeiten, Abschlussarbeiten, wissenschaftlichen Aufsätzen, Dissertationen und Fachbüchern.

Besuchen Sie uns im Internet:

http://www.grin.com/

http://www.facebook.com/grincom

http://www.twitter.com/grin_com

Informationsextraktion von Webseiten

via RoadRunner

Pawel Broda
Ludwig Maximilian Universität zu München
Centrum für Informations- und Sprachverarbeitung

Inhaltsverzeichnis

1 Einführung und Zielbeschreibung

Das Web hat sich in den letzten Jahren zum größten existierenden und frei verfügbaren Daten- und Informationsbestand entwickelt. Das wundert es kaum, wenn man die Anzahl der registrierten Domänen in Betracht zieht. Im Jahre 2007 gab es ca. 118 Mio. registrierte Domänen und davon ca. 54 Mio. aktiv.[1] Zwei Jahre später hat die Zahl der registrierten Domänen schon 240 Mio. überschritten. Im Netz, wo es ein absoluter Datenüberfluss und Informationenchaos herrscht, ist beinahe alles zu finden. Auf der Suche nach benötigten Informationen wird durch unzählige Dokumente gestöbert, die von unterschiedlicher Struktur und unterschiedlicher Relevanz sind. Während die Suchmaschinen einen gewissen Teil des Webs crawlen und somit auch indexiert können, bleibt ein sehr großer Teil des Webs verschlossen. Dieser Umstand wird auf die stets wachsende Anzahl von dynamisch generierten Webseiten zurückgeführt. Die gesuchten Informationen sind nicht mehr statisch verfügbar sondern werden aufgrund von benutzerspezifischen Anfragen aus den relationalen Datenbanken dynamisch erzeugt.[2]

In diesem riesigen Dokumentenbestand, in den statischen und dynamisch generierten Webseiten, werden mit Information Retrieval Verfahren relevante Daten gesucht und nach dem Finden so abgespeichert, dass sie bequem weiterverarbeitet werden können. Im nächsten Schritt wird es versucht, aus den semi-strukturierten Dokumenten relevante Informationen zu gewinnen.

Im ersten Kapitel der vorliegenden Arbeit werden Genese, Ziele, Probleme und Verfahren der Informationsextraktion dargestellt.

Der Hauptfokus dieser Arbeit besteht darin, das ausgewählte Tool zur Informationsextraktion von Webseiten (RoadRunner) darzustellen und an konkreten Beispielen seine Arbeitsweise in einzelnen Schritten zu erläutern. Zum Schluss werden die Ergebnisse der Arbeit im Fazit diskutiert.

Die vorliegende Arbeit besteht aus fünf aufeinander folgenden Kapiteln: Einführung und Zielsetzung, Informationsextraktion- Genese, Ziele und Probleme, Informationsextraktion mit RoadRunner, Fazit und Literaturverzeichnis.

---

[1] Vgl.: http://news.netcraft.com (12.10.2009)

[2] Vgl. :Jung,Weisse (2003), S.:1

3

2 Informationsextraktion – Genese, Ziele und Probleme

Bei der Web Informationsextraktion sollen relevante Daten aus beliebigen Quellen (Dokumenten) extrahiert und zum Zweck der Weiterverarbeitung in einem strukturierten Format abgespeichert werden. Wichtig ist es dabei nicht, dass die Informationsextraktion Tools die Quellen bzw. die Input-Daten verstehen, sondern, dass sie anhand erkannter Strukturen und Regelmäßigkeiten die Teilbereiche jedes Dokumentes analysieren, das relevante Informationen enthält.[3] Im Web macht man sich genau diese Tatsache zu Nutze, da bei den HTML-Dokumenten eine bestimmte Teilstruktur bereits vorgegeben ist.[4]

2.1 Geschichte der Informationsextraktion

Die Genese der Informationsextraktion geht auf die Analyse der natürlichsprachlichen Texte zurück und kann somit als ein Unterbereich des Natural Language Processing (NLP) angesehen werden. Der Gegenstand der IE bezog sich einerseits auf natürlichsprachliche Texte ohne erkennbare Struktur und andererseits auf stark strukturierte Dokumente. Mit der Entwicklung des Webs entstand der Bedarf auf die Extraktion von Informationen aus semi-strukturierten Texten.

Bevor Informationen aus den Dokumenten extrahiert werden, müssen sie zuerst gefunden werden. Das Suchen und Finden von Dokumenten ist eine Aufgabe von Information Retrieval. Obwohl beide Disziplinen eng miteinander verbunden sind, basieren sie auf verschiedenen Grundsätzen. Während Information Retrieval durch Statistik sowie Informations- und Wahrscheinlichkeitstheorie geprägt wurde, bezieht sich Informationsextraktion auf die Forschung rund um regelbasierte Systeme in der Computerlinguistik und Natural Language Processing.

---

[3] Vgl. Eikvil (1999)

[4] Vgl. Aigner (2006), S.: 1

4

2.2 Ziele der Informationsextraktion

Mit der Informationsextraktion werden folgende Ziele angestrebt:

- Automatisches Verfahren für das Extrahieren von Informationen
- Extraktion von beliebigen Informationen aus verschiedenen Quellen
- Erreichen einer möglichst hohen Qualität der extrahierten Informationen

Die Verfahren der Informationsextraktion zielen darauf ab, eine möglichst hohe Qualität der extrahierten Daten zu erreichen. Unterwegs dorthin sollen aber oft verschiedene Kompromisse geschlossen und Probleme gelöst werden. Bei einem erhöhten Automatisierungsgrad wird die Qualität verschlechtert und die Wahrscheinlichkeit erhöht, dass auch Datenmüll extrahiert wird. Wird dagegen auf die Automatisierung verzichtet und der User muss zu viel Eigenarbeit leisten, ist das unter jeder Hinsicht zu aufwendig. Sehr wichtig ist auch der Einsatzbereich des jeweiligen Verfahrens. Manche Systeme beziehen sich nur auf einen engen Bereich, wie z.B. die Web News Extraktion, was natürlich einfacher umzusetzen ist. Das Ziel sollte es jedoch sein, ein Verfahren bereit zu stellen, das möglichst beliebige Daten aus verschiedensten Webseiten extrahieren kann.[5]

Die Qualität der Ergebnisse ist ein Maßstab für die Effektivität der Data Extraktion Technologien. Hierzu werden zunächst zwei wesentliche Merkmale eingesetzt, nämlich Precision und Recall. Letzteres ist ein Informationsmaß, wie viele Teile der Information korrekt extrahiert wurden, und Precision beschreibt ob die extrahierten Teile korrekt sind (Zuverlässigkeit der Information). Graphisch kann dies wie folgt abgebildet werden:[6]

$$\text{Precision} = \frac{\#\text{answers produced}}{\#\text{correct answers}} \qquad \text{Recall} = \frac{\#\text{correct answers}}{\#\text{total possible corrects}}$$

---

[5] Vgl. Aigner (2006), S.: 2

[6] Vgl. ebenda, S.: 3

2.3 Probleme bei der Informationsextraktion

Bei der Informationsextraktion wurden folgende Problemklassen lokalisiert:[7]

- Finden der Webseiten durch das Verfolgen von Hyperlinks
- Unsaubere HTML-Struktur
- Statisch vs. Dynamisch, Surface vs. Hidden Web
- Das Hyperlink Dilemma
- Struktur Synthese Problem
- Data Mapping und Data Integration Problem

Das Finden der Webseiten durch das Verfolgen von Hyperlinks ist nur theoretisch ganz banal. Dieses Problem bezieht sich eigentlich auf die Suche von Dokumenten, aus denen die gewünschten Informationen wiedergewonnen werden sollen. Oft sind die gewünschten Informationen auf mehreren Seiten verteilt. Häufig steht auf einer Seite ein Link, der zur weiteren Seite mit Detailinformationen führt (z.B. in einem Online-Shop). Das Informationsextraktionssystem muss also in der Lage sein, solchen relevanten Hyperlinks zu folgen und nicht relevante Verweise zu ignorieren. Dabei unterscheidet man zwischen mehreren Webpage-Klassen:[8] one-level (eine einzelne Seite beinhaltet alle Informationen die man braucht), one-level-multipage (mehrere Links müssen verfolgt werden), two-level (für jedes Item im ersten Level muss einem Link gefolgt werden, der dorthin führt, wo sich alle Informationen zu besagtem Item befinden).

Das weitere Problem stellt die unsaubere HTML-Struktur dar. Die im Internet vorhandenen Webseiten sind oft nicht mit HTML-Standard konform. Auch ihre Struktur ist nicht immer eindeutig. Die Browser akzeptieren in den meisten Fällen auch fehlende HTML-Tags und zeigen die Seiten trotzdem korrekt an. Bei der Informationsextraktion müssen solche Fehler berücksichtigt werden. Eine bewahrte Lösung des Problems ist, noch vor der Analyse ein fehlerhaftes HTML-Dokument in ein XML-konformes HTML (XHTML), das keine Fehler toleriert, zu überführen. Einige Verfahren transformieren das HTML der Zielseite in eine eigene, individuelle Struktur.[9]

---

[7] Vgl. Aigner (2006), S. 2

[8] Vgl. ebenda, S.:3

[9] Vgl. ebenda

Desweiteren ist die Unterscheidung zwischen statisch und dynamisch generierten Seiten sehr wichtig. In diesem Kontext spricht man auch über Surface- und Hidden Web oder über das Deep Web. Das Surface Web (Oberfläche) bezeichnet dabei den Bereich des Webs, der durch Suchmaschinen mittels Linksextraktion und Linkverfolgung erreichbar ist. Dieser Mechanismus vernachlässigt dabei die Webseiten, die durch Userinteraktion generiert werden. Dieser Bereich beinhaltet jedoch hochstrukturierte Daten. Diese Strukturierung kommt aus relationalen Datenbanken, deren Daten beim Generieren der Internetseite in vorgefertigte Template eingebettet werden.

Der Begriff Deep Web bezeichnet einen nicht direkt durch die Suchmaschinen erreichbaren Teil des Webs. Das bedeutet, „dass die meisten Informationen in Webdatenbanken liegen und die Webseiten dann dynamisch mit diesen Informationen befüllt und generiert werden"[10]. Diese dynamische Generierung von Webseiten ist aus der Sicht der Informationsextraktion sehr wichtig. Die Webseiten, die durch Skripte (PHP, JSP, ...) generiert werden, weisen in fast allen Fällen eine erkennbare Struktur auf, was die Extraktion erleichtert. Dies wird als server-seitiges Deep Web bezeichnet. [11]

Abbildung 1: Surface und Deep/Hidden Web

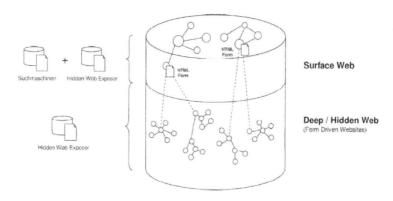

Quelle: Jung, Weise (2003), S.: 1

---

[10] Aigner (2006), S.: 3

[11] Vg. ebenda, S.: 4

Auch das client-seitige Deep Web enthält Aspekte, die man nicht aus dem Auge verlieren dürfte: Java Script, Flashcode, Pop-up Menüs, Applets, komplexe Redirections etc. All diese Mechanismen sollten implementiert werden, damit der HTTP-Client sie einwandfrei interpretieren und ausführen könnte. „Viele Webseiten verwenden Session Management basierend auf client-seitigen Cookies oder Skripts um Session-Parameter dem Query-String hinzuzufügen. Das macht es schwer die Dokumente zu einem späteren Zeitpunkt zu durchsuchen und Daten zu extrahieren. Um diese Probleme zu lösen, kann man bestehende Browser APIs verwenden."[12]

Um alle relevanten Daten zu extrahieren, müssen nicht selten mehrere Seiten aufgerufen werden (Hyperlink Dilemma). Nicht alle Verweise sind in dem HTML-Code statisch enthalten. Links können auch in Java Scripts, PHP und HTML-Formularen stecken. Lösung dieses Problems: Es sollen von den dynamischen Links statische Kopien, so genannte Synthetic Hyperlinks, gemacht werden.[13]

Das weitere Problem liegt in der Struktur der Informationen (Struktur Synthese Problem). Auch wenn die meisten Daten im Web semi-strukturiert sind, sind viele Daten trotzdem in natürlichsprachlichen Texten zu finden (z.B. ein Datum). Um diese Informationen zu extrahieren (die NLP-Tools wären dazu zu aufwendig), werden reguläre Ausdrücke verwendet.

Data Mapping und Data Integration Problem: Eine Webseite kann aus mehreren Frames bestehen. Ein Frame kann wiederum mehrere Webseiten enthalten. Daher ist es von Bedeutung, verschiedene Informationen von verschiedenen Seiten zu analysieren, zu vergleichen und sie zusammenzuführen. Relevante Daten können auch auf mehrere aufeinander folgende Seiten aufgeteilt werden (z.B. Suchergebnisse 1-25 von 349).

2.4 Verfahren der Informationsextraction

Da die Informationsextraktion je nach der Input-Datei unterschiedlich verläuft, ist es notwendig, die analysierten Dokumente zu identifizieren. Die Texte werden nach ihrer Strukturiertheit aufgeteilt:[14]

---

[12] Aigner (2006), S.: 4

[13] Vg. ebenda

[14] Vgl. Lee (2008), S.: 4

- Auf die **natürlichen und unstrukturierten Plain-Texte** werden Systeme angewendet, die eine linguistische (morphologische und syntaktische) Analyse ermöglichen. Die Vorgehensweise ist dabei sehr aufwendig und manchmal überflüssig, weil die gesuchten Informationen anhand einfacher Muster gefunden werden können.

- Als ein Beispiel für **strukturierte Informationen** dienen Tabellen und relationale Datenbanken. Hierbei wird keine linguistische Analyse benötigt sondern die Struktur muss nur erkannt werden, um die gesuchten Informationen zu finden.

- HTML-Dokumente, die meist als semi-strukturierte Texte bezeichnet werden können, stellen eine gewisse Herausforderung für die IE-Systeme dar. Sie zeichnen sich durch eine nicht einheitliche Struktur aus: Teilweise sind durch die HTML-Tags markiert, und teilweise sind sie natürliche Texte. Um die Informationen zu extrahieren, müssen die IE-Systeme die HTML-Struktur und die Textmuster erkennen. Dabei sind die HTML-Tags ein wichtiger Hinweis auf die Struktur.

Bei unterschiedlich strukturierten Texten werden auch verschiedene Verfahren der Informationsextraktion angewendet. Diese Verfahren unterscheiden sich voneinander durch ihre Komplexität (manuell oder automatisch), Restriktionen (natürliche Sprachen oder semi-strukturierte Texte) und den Ablauf der Extraktion. [15]

- Sprachbasiert

Der Benutzer wird beim Erzeugen von Wrapper durch die Programmiersprachen (z.B.: Perl) unterstützt. Dabei muss man zwei Sachen beachten: Erstens ist diese Vorgehensweise manuell sehr aufwendig und zweitens kann nur durch Fachleute mit guten Programmierkenntnissen durchgeführt werden. Als Programmiersprachen können u.a. Perl oder aber auch speziell für diese Aufgabe definierte Sprachen verwendet werden.

- HTML-basiert

Die Daten werden anhand der HTML-typischen Features analysiert. Man verwendet die strukturellen Eigenschaften und die sich daraus ergebenen Muster, um einen

---

[15] Vgl. Laender, Ribeiro-Neto (2002)

Wrapper automatisch bzw. semi-automatisch anhand dieser Muster zu erzeugen. Die Dokumente werden in einem Baum dargestellt, damit die Struktur der HTML-Tag-Hierarchie am besten widerspiegelt wurde.

- NLP-basiert

Für dieses Verfahren werden u.a. Filtering, Part of Speech Tagging, Lexikalische semantische Analyse benötigt. Damit wird eine Verbindung zwischen Phrasen und Satzelementen hergestellt, um daraus die Extraktionsregel abzuleiten. Dieses Verfahren, das auf semantischen und syntaktischen Einschränkungen basiert, wird auf natürlichsprachliche und freie Texte angewandt.

- Wrapper-Induction-basiert

Mit den Wrapper-Induction-Tools werden Trennzeichen-basierte Extraktionsregeln generiert, die von einer Reihe von Trainingsbeispielen abgeleitet sind. Sie unterscheiden sich von den NLP-Tools hauptsächlich daran, dass die WG-Tools (Wrapper Generation Tools) nicht den linguistischen Beschränkungen unterliegen, „sondern sich auf die Struktur der Quelldaten beziehen"[16], was sie besonders interessant für die HTML-Dokument-Analysen macht.

- Modell-basiert

Gegeben ist die Struktur von den Zielobjekten. Es wird versucht, die Webseiten zu finden, die eine absolut konforme Teilstruktur dazu aufweisen. Diese Technik bezieht sich hauptsächlich auf strukturierte Daten.

- Ontologie-basiert

Dieses Verfahren liefert sehr genaue Ergebnisse, ist jedoch sehr komplex. Durch den Einsatz von Ontologien werden Konstanten auf der Seite definiert und Objekte generiert. Diese Technik ist dann besonders nützlich, wenn man mit Web-Dokumenten zu tun hat, die sich oft ändern.

---

[16] Aigner (2006), S.: 5

2.5 Ablauf der Informationsextraktion

Der Ablauf der Informationsextraktion hängt im Wesentlichen davon ab, welche Strukturen der herangezogene Text aufweist. Da HTML, in dem die meisten Web Dokumente kodiert sind, nicht rein textbasiert ist, kann die Extraktion von Informationen nicht auf Grundlage gängiger linguistischer Techniken erfolgen.[17] Zuerst bekommt das Extraktionstool als Argument eine Start-URL. Im nächsten Schritt werden Links verfolgt. Bei der Verfolgung von Links und auf der Suche nach gewünschten Informationen soll der Crawler in der Lage sein, relevante Webseiten zu ermitteln. Wird eine relevante Webseite ermittelt, dann wird ihre HTML-Baumstruktur analysiert. Durch Depth-First-Traverse (Tiefensuche) werden nicht relevante Seitenelemente wie Navigation oder Werbung außer Acht gelassen. Auf den so bestimmten Datenbereich wird das Attribut-Wert-Verfahren angewendet und die Attribut-Wert-Paare werden korrekt sortiert. Danach werden alle relevanten Daten extrahiert und z.B. in relationalen Datenbanken strukturiert.[18]

Abbildung 2: Mögliche Vorgehensweise bei der Extraktion

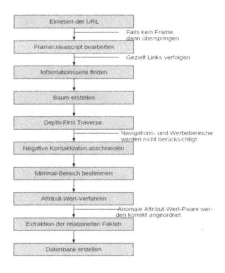

Quelle: Lee (2007) S.: 64

---

[17] Vgl.: Lee (2008), S.: 4

[18] Vgl. ebenda, S.: 64

Bei einem natürlichen Text wird die Extraktion anders ablaufen. In diesem Fall handelt es sich nicht darum, um bestimmte Muster zu erkennen sondern der Text mit linguistisch zu normalisieren und ihn zu taggen.

Der Text wird einem Präprozessing-Verfahren unterzogen und normalisiert, d.h.: Die Kodierung wird vereinheitlicht, alle Formatierungen werden entfernt und alle Token kleingeschrieben. Als Nächstes wird der Text linguistisch bearbeitet (morphologisch, syntaktisch und semantisch). Für ein so präpariertes Korpus werden lokale Grammatiken (Extraktionsregel) erstellt, die auf diesem Korpus trainiert werden. Im nächsten Schritt werden sie bei der Extraktion von Informationen aus einem anderen, nicht getagtem Korpus angewendet. Dabei wird auch die Precision gemessen. Der Grad der Precision wird auch durch die externen Faktoren, den Einsatz von Ontologien, Theasurus oder anderen wissenschaftlichen Aspekten, beeinflusst. Diese Art und Weise der Tagging charakterisiert z.B.: Unitex.

Abbildung 3: Informationsextraktion aus einem natürlichen Text

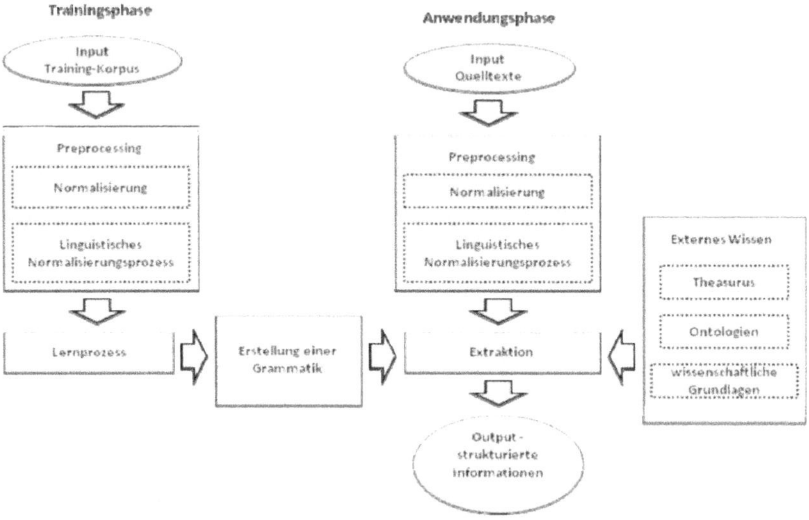

Quelle: Moens (2006), S.: 37

3 Informationsextraktion mit RoadRunner

Das in diesem Kapitel präsentierte Extraktionstool RoadRunner[19] gehört zur Gruppe der Wrapper-Programme. Wrapper werden als eine Prozedur definiert, die bestimmte Inhalte aus bestimmten Quellen extrahieren und den gewünschten Inhalt auf eine selbst-beschreibende Weise repräsentieren. Ein Wrapper besteht aus eine Reihe von Extraktionsregeln (Grammatik) und Code um die Regeln anzuwenden. Jeder Wrapper ist nur für eine spezielle Quelle geeignet, daher benötigt man eine Wrapper-Bibliothek. Außer dem RoadRunner gibt es folgende automatische Wrapper zur Informationsextraktion: WebL, XSL und XWrap Elite.

3.1 Allgemeines

Das Web Extraktionstool RoadRunner wurde an der Università di Roma Tre entwickelt. Es handelt sich dabei um einen automatischen Wrapper, der Informationen extrahiert, die aus den Templates mit gleicher Struktur stammen. RoadRunner erzeugt eine lokale Grammatik, die mit Hilfe von regulären Ausdrücken die HTML-Struktur mit dem Ziel beschreibt, Divergenzen zu finden. Dabei können zwei Divergenzarten auftreten[20]: Tag Mismatch und String Mismatch.

Abbildung 4: Tag- und String Mismatch

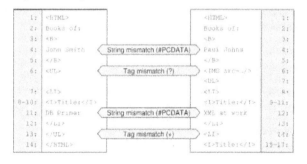

Quelle: Jung, Weise (2003), S.: 17

---

[19] Vgl. Crescenzi,Mecca, Merialdo. In: http://www.vldb.org/conf/2001/P109.pdf (10.06.2009)

[20] Vgl. Jung,Weise (2003), S.: 17

RoadRunner extrahiert nur gefundene String Mismatches einer Webseite (veränderlichen Inhalte); alle sich wiederholenden Inhalte werden weggelassen. Dieses Tool ist nicht geeignet zur Informationsgewinnung aus einer Menge von Webseiten, die unterschiedliche Struktur aufweisen.

Abbildung 4: Ablauf einer Extraktion bei RoadRunner

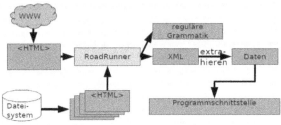

Der Arbeitsprozess kann beim RoadRunner in drei Bereiche eingeteilt werden: Eingabe, Verarbeitung und Ausgabe.

- Eingabe

  Als Argument werden Webseiten eingegeben. Die Eingabe erfolgt manuell. Die Webseite wird lokal auf der Festplatte abgespeichert. An RoadRunner wird der Pfad zur Datei übergeben. Es muss darauf geachtet werden, dass alle Webseiten die gleiche Struktur haben.

- Verarbeitung

  Im nächsten Schritt werden aus den eingegebenen Webseiten Informationen extrahiert. Die Qualität der Outputergebnisse hängt von den Restriktionen, die durch die eingesetzten Algorithmen entstehen.

- Ausgabe

  Die Ausgabe erfolgt als eine XML-Datei. Zur besseren Transparenz sollen die Ergebnisse der Extraktion aus der XML-Datei herauskopiert werden und als eine Textdatei abgespeichert werden.

3.2 Ablauf der Extraktion bei RoadRunner

Folgender Kapitel beschreibt und ausführlich erläutert einzelne Schritte bei der Informationsextraktion mit RoadRunner. Analysiert werden 3 Webseiten der bayrischen Staatsoper, die jeweils Spielpläne für die Monate Februar 2009, März 2009 und April 2009 darstellen.

3.2.1 Eingabe

RoadRunner wird in der Konsole wie folgt gestartet (sieh dazu die Abbildung 1).
Es wird ein Pfad zum Tool angegeben:

C:\Users\pabrro\Desktop\RoadRunner\RoadRunner-0.02.11\RoadRunner

Dann ein Pfad auf Java gesetzt:

java -classpath c:\programme\Java\jre1.6.0\lib;

Vier Librarys von RoadRunner angegeben:

lib/roadrunner.jar;lib/nekohtml.jar;lib/xercesImpl.jar;lib/xmlParserAPIs.jar

Im roadrunner.Shell gestartet:

roadrunner.Shell

Abbildung 5: Start von RoadRunner

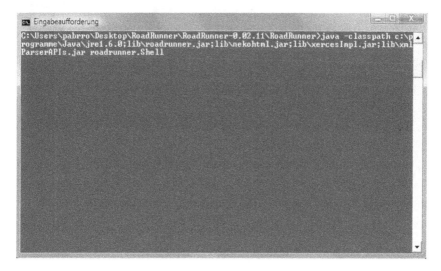

Als Weiteres muss ein Ordner erstellt werden, wo die Output-Dateien abgespeichert werden sowie ein Pfad zur XML-Konfigurationsdatei gesetzt wird. Danach wird der Pfad zu den Input-Dateien (abgespeicherte Webseiten) angebeben (sieh Abbildung 2).

-Ntest (Ordner „test" – dort werden alle Output-Dateien abgespeichert;

RoadRunner-0.02.11\output\berlin)

-Oexamples\test_oper\test.xml (Pfad zur XML-Datei setzen)

Als XML-Konfigurationsdatei kann eine der schon bestehenden Konfigurationsdateien z.B.: *examples\www.hotjobs.com\hotjobs.xml* kopiert und für den neuen Zweck dementsprechend angepasst werden.

Abbildung 6: Output-Ordner, XML-Konfigurationsdatei und Pfad zu den Inputdateien

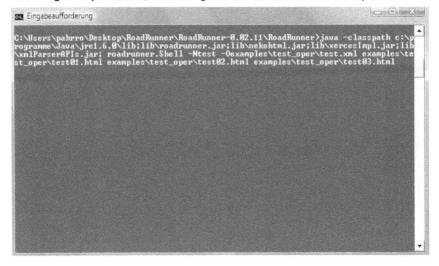

Es müssen mindestens zwei Webseiten lokal abgespeichert und als Argument an RoadRunner übergeben werden. RoadRunner analysiert das Input und erstellt auf der Grundlage der vorhandenen HTML-Struktur eine lokale Grammatik.

3.2.2 Verarbeitung

Nach der Eingabe aller Argumente (sieh Abbildung 2) findet der Extraktionsprozess statt. Die HTML-Seiten werden an RoadRunner übergeben, der sie analysiert und aus ihnen eine lokale Grammatik generiert. Im Verarbeitungsteil erkennt RoadRunner auf den Seiten jegliche Muster und sich wiederholende Elemente, die er nicht in die Analyse mit einbezieht. Eine so erstellte lokale Grammatik muss bei jeder weiteren Extraktion aufs Neue generiert werden. Es gibt leider keine Möglichkeit sie nur auszuführen, was dieses Tool etwas unpraktisch macht, weil der Extraktionsprozess mit einem Zeitaufwand verbunden ist. Die von RoadRunner erzeugte Grammatik ist stabil, genauso wie die Ausgabedatei, die alle veränderlichen Informationen im XML-Format überführt.

Abbildung 7: Erfolgreich durchgeführter Extraktionsprozess.

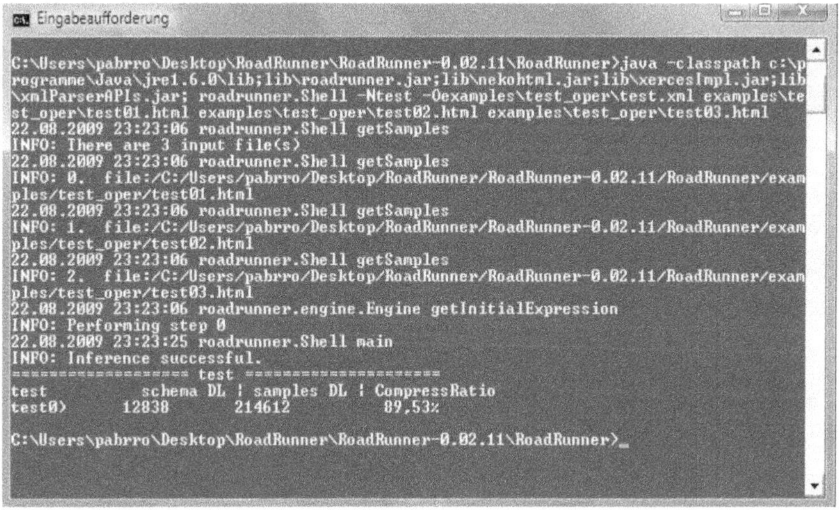

3.2.3 Ausgabe

Nach dem Parsen mehrerer HTML-Seiten, die identische Struktur ausweisen, wird im Ordner *output* eine XML-Ausgabedatei generiert. Diese Datei, wie schon vorher geschrieben, enthält alle auf den analysierten HTML-Seiten bestehende Divergenzen. Im Order output befinden sich 4 Dateien:

test_oper00.xml - erstellte Gramatik

test_oper0_DataSet.xml – extrahierte Informationen

test_operWrappersIndex.xml - Zusammenfassungsdatei

results.html – extrahierter Text (.html)

Die Ausgabedatei ist gut strukturiert und sehr transparent. Nach der Auswertung durch RoadRunner können aus dieser Ausgabedatei einige Daten auch manuell weiter ausgewertet werden, was zu einem geringen Informationsverlust führt. Zum Vergleich: Die Abbildung 8 beinhaltet eine der 3 analysierten Seiten und die Abbildung 9 die aus der Webseite extrahierten Informationen.

Abbildung 8: Analysierte Webseite

Abbildung 9: Aus der obigen Webseite extrahierte Informationen

```
November 2009

Hänsel und Gretel
OperEngelbert Humperdinck
19.00 UhrKindereinführung: 18.15 UhrNationaltheaterAboFamilienvorstellungProgramm Junges PublikumPreise H -------8Karten

Freitag 27

Kindereinführung zu "Hänsel und Gretel"
CAMPUS
18.15 UhrCapriccio-SaalDer schriftliche Vorverkauf hat bereits begonnenKarten

Hänsel und Gretel
OperEngelbert Humperdinck
19.00 UhrKindereinführung: 18.15 UhrNationaltheaterAboFamilienvorstellungProgramm Junges PublikumPreise H -------8Karten

Samstag 28

Kindereinführung zu "Hänsel und Gretel"
CAMPUS
18.15 UhrCapriccio-SaalDer schriftliche Vorverkauf hat bereits begonnenKarten

Spiel Oper: Hänsel und Gretel
CAMPUS
14.00 UhrNationaltheater - Probenräume

Hänsel und Gretel
OperEngelbert Humperdinck
11.30 UhrKindereinführung: 10.45 UhrNationaltheaterFamilienvorstellungProgramm Junges PublikumPreise H -----118Karten
```

Wie es aus den Beispielen hervorgeht, sind die mit RoadRunner extrahierten Informationen genau, transparent und gut strukturiert. Da RoadRunner eigentlich nur HTML-Seiten in ein sehr stabiles XML-Dokument überführt, müssen relevante Daten selbst extrahiert werden. Aufgrund ihrer guten Strukturiertheit eignet sich die Ausgabedatei hervorragend zu einer manuellen Auswertung.

RoadRunner extrahiert leider keine Informationen aus Webseiten, die aus verschiedenen Templates erstellt werden. In diesem Fall kann keine Grammatik generiert werden und man erhält eine Fehlermeldung.

4 Fazit

Das Web stellt heutzutage die umfangreichste Informations- und Datenquelle dar. Um möglichst schnell und effizient an relevante Informationen zu gelangen, werden zahlreiche Informationsextraktion Methoden angewendet. Diese Methoden basieren auf verschiedenen Ansätzen (u.a. HTML-basiert, NLP-basiert oder Wrapper-Induction-basiert) und werden je nach der Input-Quelle eingesetzt. Im Web überwiegen HTML-Dokumente. HTML-Dokumente sind nicht rein textbasiert und nur teil strukturiert, d.h. sie bestehen aus natürlichen Texten, die um HTML-Tags erweitert wurden. Bei der Extraktion von Informationen aus den semi-strukturierten Texten wird ihre HTML-Struktur in eine Baumstruktur überführt. Dann werden die Baumstrukturen verglichen, mit dem Ziel Divergenzen zu finden.

RoadRunner parst mehrere HTML-Seiten, die die gleiche Struktur aufweisen, um einen grammatikbasierten Wrapper zu generieren. Nach dem Erkennen der Struktur der Webseite werden alle veränderlichen Inhalte extrahiert. Die extrahierten Informationen sind sehr präzise und gut strukturiert. Nach der Auswertung durch RoadRunner können relevante Daten aus der Datenbasis je nach dem Bedarf weiter ausgewertet werden und somit keine oder nur wenige Informationen verloren gehen.

Als unpraktisch und problematisch erweist sich die Arbeitsweise mit RoadRunner. Eine einmal erstellte Grammatik muss bei jeder Extraktion aufs Neue generiert werden. Auch bei Webseiten, die aus verschiedenen Templates stammen, können keine Informationen extrahiert werden, was die Einsatzmöglichkeit dieses Tools sehr einschränkt.

5 Literaturverzeichnis

A. H. F. Laender, B. A. Ribeiro-Neto, A brief survey of web data extraction tools Belo Horizonte, Brasilien: SIGMOD Record, Vol.31, No.2, 2002.

Aigner, Thomas: Data Extraktion from the WWW. Universität Klagenfurt 2006. Aus: ww.aigner.cc/files/dl/3/data_extraction_ppp.pdf (30.11.2008)

Bing, Liu: Web Data Mining. Exploring Hyperlinks, Contents and Usage Data. Hrg.: Springer Verlag Berlin Heidelberg New York, Heidelberg 2007

Brüseke, Frank: Informationsfiltrierung–Informationsgewinnung von Webseiten. Aus: wwwcs.uni-paderborn.de/cs/agkao/en/teaching/ws04/pg_lbs /Seminarausarbeitungen/Brüseke.pdf (12.12.2008)

Crescenzi V.,Mecca G., Merialdo P.: RoadRunner: Towards Automatic Data Extraction from Large Web Sites. Zusammenarbeit: Università di Roma Tre und Università della Basilicata. Aus: http://www.vldb.org/conf/2001/P109.pdf (10.06.2009)

Lee, Yeong Su. Webseite- Klassifikation und Informationsextraktion aus Informationsseiten einer Firmawebsite. Dissertation am Centrum für Informations- und Sprachverarbeitung (CIS) der LMU München, München 2008

Jung Florian, Annekatrin Weisse: Crawling the Hidden Web. Automatische Datenextraktion. Modellbasierte Entwicklung mediatorbasierter Informationssysteme. 2004. Aus: cis.cs.tu-berlin.de/Lehre/WS-0304/Sonstiges/memis-pages/Slides/2003-12-02-akwflo.pdf (04.12.2008)

Lewandowski, Dirk: Web Information Retrieval. Technologien zur Informationssuche im Internet. 1.Aufl., Dinges&Frick GmbH, Frankfurt am Main 2005

Line Eikvil, Information Extraction from Worl Wide Web - A Survey Oslo: Norwegian Computing Center, 1999

Moens, Marie-Francine: Information Extraction: Algorihms and Prospects in a Retrieval Context. 1. Auflage, Springer Netherlands Verlag 2006

Internetlinks:
http://news.netcraft.com/archives/2007/05/01/may_2007_web_server_survey.html
(10.05.2009)